Jakob Harb

Ausgelöste Emotionen in Viralen Videos

GRIN Verlag

Bibliografische Information der Deutschen Nationalbibliothek:

Die Deutsche Bibliothek verzeichnet diese Publikation in der Deutschen National-
bibliografie; detaillierte bibliografische Daten sind im Internet über http://dnb.d-
nb.de/ abrufbar.

Impressum:

Copyright © 2011 GRIN Verlag GmbH
Druck und Bindung: Books on Demand GmbH, Norderstedt Germany
ISBN: 978-3-656-32924-4

Dieses Buch bei GRIN:

http://www.grin.com/de/e-book/205012/ausgeloeste-emotionen-in-viralen-videos

GRIN - Your knowledge has value

Der GRIN Verlag publiziert seit 1998 wissenschaftliche Arbeiten von Studenten, Hochschullehrern und anderen Akademikern als eBook und gedrucktes Buch. Die Verlagswebsite www.grin.com ist die ideale Plattform zur Veröffentlichung von Hausarbeiten, Abschlussarbeiten, wissenschaftlichen Aufsätzen, Dissertationen und Fachbüchern.

Besuchen Sie uns im Internet:

http://www.grin.com/

http://www.facebook.com/grincom

http://www.twitter.com/grin_com

Bachelorarbeit

Im Rahmen der Lehrveranstaltung

Methoden der Wirtschaftsinformatik

über das Thema

Ausgelöste Emotionen in Viralen Videos

Triggered Emotions in Viral Videos

eingereicht am

Institut für Informationswissenschaft und
Wirtschaftsinformatik
der Karl-Franzens-Universität Graz

von

Jakob Harb

Graz, 6. Dezember 2011

Inhalt

1 Einleitung

Mit dem Start der Internet-Medienplattform You-Tube, sowie der Etablierung von Socialmedia-Netzwerken wie Facebook oder Twitter, stieg auch die Bedeutung von Viralen Werbevideos.

1.1 Was versteht man nun unter Viralen Videos?

Unter Viralen Videos versteht man Videos, die von NutzerInnen weiterverbreitet werden, da deren Kampagnengut die Kerneigenschaft besitzt, dem Nutzer/ der Nutzerin Unterhaltung zu bieten. Außer dass positive, unterhaltsame Inhalte bevorzugt weitergeleitet werden, können Personen, die diese auch weiterempfehlen, sich damit brüsten und ihre gesellschaftliche Position stärken, was zu vermehrter Weiterleitung führt (vgl. Langner, 2006: p. 36f).

1.2 Was löst nun diese Weiterleitungen aus?

Jean-Manuel Leonardi schreibt in seinem Buch „Viral Marketing im E-Business", dass das gezielte Auslösen von Emotionen Menschen dazu veranlassen kann, über Dinge zu reden und die Botschaft einer Kampagne weiterzutragen (vgl. 2009: p. 50).

Mit dieser Arbeit soll nun eine Antwort auf die Frage gefunden werden, welche Emotionen diese Videos ansprechen sollten, um für NutzerInnen relevant zu sein beziehungsweise von NutzerInnen an weitere NutzerInnen weitergeleitet oder empfohlen zu werden.

Hierzu werden in der Folge die Kommentare, welche NutzerInnen zu bekanntermaßen erfolgreichen Videos abgeben, auf ihre Inhalte überprüft und statistisch erfasst. Mit den Ergebnissen erhofft sich der Verfasser Aufschluss geben zu können, welche Emotionen in Kampagnen verstärkt angesprochen werden sollten, um möglichst viele NutzerInnen zu erreichen.

2 Fragestellung: Welche Emotionen sollen in Videos angesprochen werden, um deren Virale Wirkung zu optimieren?

2.1 Warum stellen wir nun diese Frage?

Kampagnen haben den Hintergrund, Produkte oder Ideen bekannt zu machen und die Kenntnis darüber zu verbreiten. Wird als Medium ein Videoclip gewählt, stellt sich die Frage, wie dieser den AdressatInnen zugänglich beziehungsweise schmackhaft gemacht werden soll beziehungsweise wie möglichst viele potentielle KundInnen oder potentielle ÜbernehmerInnen des Gedankengutes erreicht werden können.

Im Internet findet die virale Verbreitung ideale Bedingungen, bei der NutzerInnen Angeregt werden sollen, das Kampagnengut anderen potentiellen NutzerInnen zur Verfügung zu stellen beziehungsweise zu empfehlen.

Dieser Wille beziehungsweise das Bedürfnis der NutzerInnen Inhalte weiterzuverbreiten steht nun nach Leonardi in engem Zusammenhang mit den Emotionen, welche der Nutzer/ die Nutzerin bei der Konsumation des Kampagnengutes empfindet. Leonardi nennt in seinem Buch „Viral Marketing im E-Business" die Emotionen Überraschung, Freude, Traurigkeit, Wut, Ekel und Angst (vgl. 2009: p. 50ff).

Nun wird angenommen, dass diese verschiedenen Emotionen sich unterschiedlich auf das Verbreitungsverhalten und damit auf den Erfolg der Kampagne auswirken. Daher soll herausgefunden werden, welche Arten von Emotionen am stärksten mit einer erfolgreichen Weiterverbreitung korrelieren und daher am ehesten angesprochen werden sollten.

2.2 Für wen ist die Beantwortung dieser Frage von Interesse?

Diese Arbeit richtet sich an Marketing-Unternehmen, sowie sonstige ErstellerInnen von Kampagnen für Produkte oder Gedankengüter, welche einer breiten Masse zugänglich gemacht werden sollen, sowie an Personen und Unternehmen, die Interesse an den Wirkungsweisen ihrer eigenen oder fremder Videoclips im Bezug auf deren Verbreitung zeigen. Diesen Personen soll mit dieser Arbeit geholfen werden, die

Inhalte ihrer Videos so an die Bedürfnisse ihrer NutzerInnen anzupassen, sodass diese wiederum angeregt, werden die jeweiligen Videos weiterzuleiten und sie dadurch viral zu machen.

3 Vorgangsweise zur Beantwortung der Frage

3.1 Wie wird nun vorgegangen um die Frage zu beantworten?

Um die Frage nach den relevanten Emotionen beantworten zu können, werden einige bereits als erfolgreich anerkannte Videoclips ausgewählt und die von den NutzerInnen dieser Videos in Form von Kommentaren preisgegebenen Emotionen näher betrachtet.

3.2 Welche Videoclips werden zur Beobachtung ausgewählt?

Zur Auswahl der zu beobachtenden Videoclips wird Mashable als die weltgrößte unabhängige Nachrichtenquelle zum Thema Social Media herangezogen. Josh Warner, der Gründer und Präsident von Feed Company, stellt jährlich für die Website mashable.com eine Liste der zehn besten viralen Video-Kampagnen des jeweiligen Jahres zusammen. Die zehn Videos, welche in die Liste des Jahres 2010 aufgenommen wurden("The 10 Most Innovative Viral Video Ads of 2010"(Warner, :2010)), sollen in weiterer Folge in dieser Arbeit behandelt werden.

3.2.1 Über Mashable

„Mashable's mission is to empower and inspire people by spreading knowledge of social media and technology.

Mashable is the largest independent news source dedicated to covering digital culture, social media andtechnology. Mashable reports on the importance of digital innovation and how it empowers and inspires people around the world.

Mashable's 19 million monthly unique visitors and 4 million social media followers have become one of the most engaged online news communities. Numerous studies and leading publications have declared Mashable the most influential online news outlet and a must-read site. Mashable also syndicates its content to top publications including ABC News, CNN, Forbes, Metro, USA Today and Yahoo! News, amplifying its reach to many millions of additional readers each month.

Pete Cashmore founded Mashable in 2005 in Aberdeenshire, Scotland. His passion for sharing how web tools and social networks were transforming human interactions and reshaping cultures drove him to create what would become Mashable.

Mashable is headquartered in New York City, with an office in San Francisco. Mashable's growing team can also be found across the United States, United Kingdom and in Eastern Europe.

Mashable's Statement on Ethics

Mashable is committed to reporting on all companies and individuals fairly and without bias. Members of the editorial team are prohibited from writing about companies and/or individuals where they have personal relationships or financial interests. As part of the ethical guidelines, reporters and editors do not accept gifts, freebies or travel expenses from sources or subjects."(Mashable, Inc. ,:2010)

3.2.2 Über Josh Warner

,,Josh Warner is President and Founder of Feed Company, which has helped define the way brand videos are marketed and promoted on the social web. In four years since the company's founding, Feed Company under Josh's direction has marketed over 200 online brand videos including memorable campaigns for Levi's "Backflip," Ray-Ban "Catch, and Activision "Bike Hero."

In the process, Josh introduced the term "video seeding" to the marketing industry vernacular and helped redefine the way advertisers engage users of popular video sites, blogs, and social networks with brand video content that's more entertainment than commercial message.

Josh has been featured in a number of outlets including MSNBC, NPR, Wired, LA Times, Advertising Age, and Adweek. Josh is a graduate of Boston University and lives and works in Los Angeles, CA." (Mashable, Inc. ,:2010)

3.2.3 Überblick über die gewählten Videos

3.2.3.1 NSFW. A hunter shoots a bear!

Werber: Tipp-Ex

Webeagentur: Buzzman

Kurzzusammenfassung:

Es handelt sich um ein interaktives Video, in dem der Betrachter/ die Betrachterin des Videos selbst die Rolle des

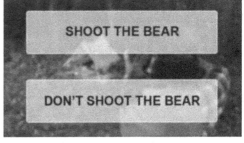

Jägers/ der Jägerin spielt und selbst entscheiden

Abbildung 1: Screenshot des Videos "NSFW. A hunter shoots a bear!"

kann, ob er/sie einen Bären erschießen, mit ihm tanzen oder anderes tun möchte.

(Retrieved: November 15, 2011, from

http://www.youtube.com/v/4ba1BqJ4S2M?fs=1&hl=en_US)

3.2.3.2 Embrace Life

Werber: Sussex safer Roads Partnership

Werbeagentur: Alexander Commercials

Kurzzusammenfassung:

Es handelt sich um einen emotionalen Videoclip, in dem ein Autounfall angedeutet wird, wo ein Vater durch die Umarmung seiner Familie scheinbar angegurtet ist, was ihn beschützt und ihn im Kreis seiner Lieben hält.

Abbildung 2: Screenshot des Videos "Embrace Life"

(Retrieved: November 15, 2011, from http://www.youtube.com/v/h-
8PBx7isoM?fs=1&hl=en_US)

3.2.3.3 Guy Walks Across America

Werber: Levi Strauss & Co.

Webeagentur: Conscious Minds Productions

Kurzzusammenfassung:

Der Videoclip besteht aus 2770 rasch nacheinander gezeigten Fotos eines jungen
Mannes, der im Laufe der Bildfolge zu Fuß die USA durchquert und dabei
durchgehend die gleiche Hose trägt, welche sich nicht abnützt. Am Ende des Videos
ist noch zu sehen, wie der junge Mann auf seiner reichlich gefüllten „To Do List" den
ersten Punkt (Walk Across America) durchstreicht und sich zu weiteren Taten
aufmacht.

Abbildung 3: Screenshot des Videos "Guy Walks
Across America"

(Retrieved: November 15, 2011, from

http://www.youtube.com/v/lzRKEv6cHuk?fs=1&hl=en_US)

3.2.3.4 Old Spice Responses

Werber: Procter & Gamble

Werbeagentur: Wieden & Kennedy

Kurzzusammenfassung:

Es handelt sich um eine Kampagne, in
der der ehemalige US-amerikanische
NFL Spieler Isaiah Mustafa ihm

Abbildung 4: Screenshot des Videos „Old Spice
Responses

zugesandte Fragen in Monologform beantwortet und dabei verschiedenste Posen einnimmt. Isaiah Mustafa ist in den USA bekannt als „The Man Your Man Could Smell Like".

(Retrieved: November 15, 2011, from http://www.youtube.com/v/nFDqvKtPgZo?fs=1&hl=en_US)

3.2.3.5   The Puma Hardchorus

Werber: Puma

Werbeagentur: Droga 5

Kurzzusammenfassung:

Ein aus ausschließlich Männern bestehender Fanklub der Tottenham Hotspurs (ein großer englischer Fußballverein) singt

Abbildung 5: Screenshot des Videos "The Puma Hardchorus"

seinen Partnerinnen anlässlich des Valentinstages ein romantisches Lied(„Truly Madly Deeply" von Savage Garden) im Chor um diese milde zu stimmen, da ein Fußballspiel ihrer wohl noch etwas mehr geliebten Hotspurs ausgerechnet auf den 14. Februar fällt und sie daher nicht bei ihren Partnerinnen sein können.

(Retrieved: November 15, 2011, from http://www.youtube.com/v/K-_rf2jVxxY?fs=1&hl=en_US)

3.2.3.6   Google Chrome Speed Tests

Werber: Google

Werbeagentur: BBH / Google Creative Lab

Kurzzusammenfassung:

In diesem Videoclip wird die

Abbildung 6: Screenshot des Videos"Google Chrome Speed Tests"

10

Geschwindigkeit des Webbrowsers Google Chrome mit außergewöhnlichen Tests gemessen. So wird beispielsweise das Laden einer Website mit der Geschwindigkeit eines Erdapfels, der durch Überdruck aus einem Rohr geschossen wird, verglichen. Es folgen noch Vergleiche mit Blitzen, Schallwellen und anderen nicht herkömmlich mit Datenübertragung vergleichbaren Sachverhalten.

(Retrieved: November 15, 2011, from

http://www.youtube.com/v/nCgQDjiotG0?fs=1&hl=en_US)

3.2.3.7 Swagger Wagon

Werber: Toyota Siena

Werbeagentur: Saatchi & Saatchi
LA

Kurzzusammenfassung:

Abbildung 7: Screenshot des Videos "Swagger Waggon"

Ein junges Paar rappt über sein Leben und zeigt damit auf, dass es auch mit Kindern und Minivan noch cool sein kann.

(Retrieved: November 15, 2011, from http://www.youtube.com/v/ql-N3F1FhW4?fs=1&hl=en_US)

3.2.3.8 There's A Soldier In All Of Us

Werber: Activision

Werbeagentur: TBWA \ Chiat \ Day

Kurzzusammenfassung:

Ein Concierge, ein Koch, eine Geschäftsfrau und weitere Charaktere mit gewöhnlichen Berufen kämpfen

Abbildung 8: Screenshot des Videos "There's A Soldier In All Of Us"

wie Soldaten an einem Kriegsschauplatz - um zu zeigen, dass in jedem von ihnen auch ein Kämpfer stecken kann.

(Retrieved: November 15, 2011, from http://www.youtube.com/v/Pblj3JHF-Jo?fs=1&hl=en_US)

3.2.3.9 Write the Future

Werber: Nike Football

Werbeagentur: Wieden & Kennedy

Kurzzusammenfassung:

Cristiano Ronaldo, Wayne Rooney, Fabio Cannavaro und weitere Weltklasse-Fußballspieler haben

Abbildung 9: Screenshot des Videos "Write the Future"

Visionen drüber, wie sich je nach Spielentscheid ihre jeweilige Zukunft nach der Fußballweltmeisterschaft verändert. So sieht sich der eine beispielsweise als verarmt in einem Trailerpark wohnend, während ein anderer sich als Vorlage einer Kinohauptrolle sieht.

(Retrieved: November 15, 2011, from http://www.youtube.com/v/ISggaxXUS8k?fs=1&hl=en_US)

3.2.3.10 Master of Business Card Throwing

Werber: Samsung

Werbeagentur: inmD

Kurzzusammenfassung:

Ein junger Mann schnippt mit seinen Fingern Visitenkarten zielgenau über enorme Distanzen

und vollführt einige Kunststücke, wie

Abbildung 10: Screenshot des Videos "Master of Business Card Throwing"

beispielsweise Luftballons platzen zu lassen oder mit einem gezielten Wurf Tomaten zu zerschneiden.

12

4 Die Beobachtung

4.1 Wie funktioniert die Beobachtung?

Sämtliche der oben genannten Videos wurden von ihren InhaberInnen auf die Internet-
Video-Plattform YouTube hochgeladen und an dieser Stelle veröffentlicht. Auf dieser
frei zugänglichen Plattform können Videos von NutzerInnen betrachtet werden.
Registrierte NutzerInnen dieser Plattform haben überdies die Möglichkeit, ihre
eigenen Videos zu veröffentlichen, sowie Kommentare zu existierenden Videos zu
erstellen sowie Bewertungen zu den Videos abzugeben.

Zur Beobachtung der von den NutzerInnen empfundenen Emotionen werden nun die
Kommentare, welche die NutzerInnen zu den betreffenden Videos schreiben,
herangezogen. Es werden sämtliche verfügbaren Kommentare, die bis zum 10.10.2011
zu den Videos verfasst wurden auf ihren emotionalen Inhalt überprüft und aufgrund
dieser Überprüfung den jeweiligen relevanten Emotionen nach Leonardi zugeordnet
(vgl. 2009: p. 50ff).

Anschließend wird ausgezählt, welche Emotion (Überraschung, Freude, Traurigkeit,
Wut, Ekel, Angst) wie häufig in den Kommentaren zum Vorschein kommt. Anhand
dieser Werte kann dann erkannt werden, welche Emotionen in den gewählten, bereits
erfolgreichen Videos häufiger angesprochen werden als andere. Dies soll dann
ermöglichen, Schlüsse zu ziehen, welche Emotionen anzusprechen sich für
ErstellerInnen von Videos am meisten lohnt, wenn diese mit ihren Botschaften breite
Massen erreichen wollen.

Kommt bei den gewählten bekanntermaßen stark viralen Videoclips eine Emotion
(oder mehrere) weitaus häufiger vor als eine (oder mehrere) andere, so ist
anzunehmen, dass jene Emotion(en) in Kampagnen anzusprechen sich mehr bezahlt
macht, als die Emotion(en) anzusprechen, welche in der Beobachtung bei den stark
viralen Videos seltener vorkommt.

Es werden nun die Prozentsätze der mit der jeweiligen Emotion behafteten Kommentare an den Gesamtzahl der emotionsrelevanten Kommentare des jeweiligen Videos ermittelt. Daraus werden sodann die Durchschnittswerte, welche die einzelnen Emotionen in allen beobachteten Videos gemeinsam erreichen berechnet. Diese wiederum stellen die relevanten Vergleichsgrößen für die Emotionen dar.

4.2 Was muss bei der Beobachtung beachtet werden?

4.2.1 Emotionsrelevanz

Als emotionsrelevant werden Kommentare erkannt, die einer der beobachteten Emotionen zugeordnet werden können.

4.2.2 Sprache

Es werden nur Kommentare in englischer Sprache gewertet, da die meisten Kommentare zu den gewählten Videoclips in Englisch verfasst werden und es nahezu unmöglich wäre, die in sämtlichen Sprachen verfassten Kommentare sinngemäß zu übersetzen und nicht Fehlinterpretationen zu unterliegen. Die meisten Kommentare sind in englischer Sprache verfasst, da diese Videos vorrangig für den englischsprachigen Raum konzipiert wurden und auch viele InternetnutzerInnen anderer Muttersprachen im Internet auf Englisch kommunizieren, da dadurch mehr Menschen ihre Kommentare lesen und verstehen können.

4.2.3 Emotionaler Inhalt

Kommentare ohne erkennbaren emotionalen Inhalt werden nicht gewertet. Diese Kommentare stellen einen beträchtlichen Anteil der beobachteten Kommentare dar.

4.2.4 Reaktionen auf bestehende Kommentare

Kommentare, deren Inhalte sich erkennbar nicht auf das Video selbst, sondern auf vorrangegangene Kommentare beziehen, werden nicht gewertet.

4.2.5 Sonderzeichen

Kommentare, die nur aus Sonderzeichen bestehen (zum Beispiel Emoticons wie ;-) oder *<:-]) werden auch nicht gewertet, da man sehr viel Verschiedenes in diese Kommentare hineininterpretieren könnte, was von dem Verfasser/ der Verfasserin des

Kommentars nicht beabsichtigt wurde. Weiters kann meist nicht genau bestimmt werden, ob sich ein solcher Kommentar auf das Video selbst, oder auf zuvor gepostete Kommentare bezieht (siehe oben).

5 Fehlerquellen

In der Folge werden Fehlerquellen genannt, welche die Ergebnisse der Beobachtung beeinflussen könnten.

5.1 Bots

Bots sind kleine Programme, welche Inhalte automatisch generieren. Sie werden häufig verwendet, um zum Beispiel positive Kommentare zu einem dem Bot-Programmierer/ der Programmiererin zugehörigen Produkt oder Video zu verfassen und mehrfach zu posten. Es könnten durch diese Bots automatisch generierte Kommentare auftreten, welche die Beobachtung dadurch beeinträchtigen könnten, dass sie dieselbe Emotion immer wieder reduplizieren und diese somit in der Statistik öfter in Erscheinung tritt als dies sonst der Fall wäre.

5.2 Mehrdeutige Kommentare

Es könnten Kommentare auftreten, welche sich nicht eindeutig einer Emotion zuordnen lassen. Möglicherweise treten auch Kommentare auf, welche sich auf den ersten Blick scheinbar eindeutig einer Emotion zuordnen lassen, sich jedoch nach reiflicheren Überlegungen auch anders deuten lassen könnten. Dies führt dann unweigerlich zu Fehlinterpretationen.

5.3 Ironische Kommentare

Es können Kommentare auftreten, welche von den VerfasserInnen ironisch gemeint sind, jedoch nicht als solche erkannt werden. Dadurch könnte es passieren, dass eine Emotion häufiger in der Auswertung aufscheint, als dies der Fall sein sollte.

5.4 Zensierte Kommentare

Manche Kommentare werden von den BetreiberInnen von YouTube gelöscht, weil diese Schimpfwörter oder ein unerwünschtes Gedankengut (zum Beispiel Rassismus) enthalten. Dies könnte zu einer Verzerrung der Ergebnisse führen, da zum Beispiel die Emotionen Wut und Ärger von Internetnutzern häufig durch Kraftausdrücke dargestellt werden. Werden nun diese Kommentare gelöscht, können diese auch nicht in die Beobachtung mit einfließen, was zu einem niedrigeren Wert bei den zuzuordnenden Emotionen führt. Dies könnte die Ergebnisse stark einseitig verzerren, da diese Kommentare meist denselben emotionalen Inhalt besitzen (Wut oder Ärger).

5.5 Spam

Manche NutzerInnen erstellen Kommentare, welche Werbebotschaften oder Links zu anderen Websites enthalten und eigentlich keinen direkten Bezug zum kommentierten Video haben. Solche Spams werden häufig auch von sogenannten Bots (siehe oben) erstellt und verbreitet.

5.6 Sprache

Es könnten sehr viele Kommentare in nicht englischer Sprache auftreten, welche inhaltlich stark von den englischen Kommentaren abweichen. Da diese Kommentare nicht berücksichtigt werden, könnten die Ergebnisse von der Realität abweichen.

5.7 Löschung der Videos

Es könnte vorkommen, dass ein Video mitsamt der dazu verfassten Kommentare von YouTube gelöscht oder von dem Inhaber durch eine neue Version des Videos ersetzt wird, was ebenfalls zur Folge hätte, dass die Kommentare dazu nicht zur Beobachtung zur Verfügung stehen.

6 Auftretende Probleme und Umgang mit diesen

Nachfolgend werden unvorhergesehene sowie erwartete Sachverhalte gelistet, welche während der Beobachtung auftraten und die Ergebnisse beeinflussen könnten.

6.1 Bots

Wie erwartet traten während der Beobachtung immer wieder offensichtlich computergenerierte Kommentare auf. Wurden diese als solche erkannt, konnte deren Emotionsgehalt nicht in der Auswertung berücksichtigt werden. Es kann jedoch nicht ausgeschlossen werden, dass einige dieser computergenerierten Kommentare nicht als solche erkannt wurden. Dies könnte zu Verzerrungen in den Ergebnissen führen.

6.2 Zensierte Kommentare

Ebenfalls wie erwartet traten einige Fälle ein, in denen YouTube Kommentare durch die Worte „*Kommentar entfernt*" ersetzt hatte. Somit konnten diese Kommentare nicht in die Auswertung mit einfließen, dies kann jedoch leider dazu führen, dass das Ergebnis von der Realität abweicht, da diese Kommentare möglicherweise verstärkt speziellen Emotionen zuzuordnen wären (siehe 5.4).

6.3 Mehrdeutige Kommentare

Es wurden auch Kommentare mit mehrdeutigem Inhalt identifiziert.

So schrieb zum Beispiel der Nutzer/ die Nutzerin mit dem Pseudonym „sarudosi91" im Februar 2011 als Kommentar zu dem Video „Embrace Life": „I almost cried" – was Freude jedoch auch Trauer bedeuten könnte.

Daher wurden Kommentare, die nicht eindeutig einer Emotion zugeordnet werden konnten, in der Auswertung nicht berücksichtigt.

6.4 Weitere Emotionen

Während der Beobachtung traten vermehrt Kommentare auf, welche andere Emotionen beinhalteten als die von Leonardi aufgezählten (vgl. 2009: p. 50ff): zum Beispiel Stolz oder Inspiration. Diese Emotionen wurden in den Ergebnissen nicht berücksichtigt.

6.5 Kommentare, die sich auf andere Kommentare beziehen

Als weiterer Störfaktor wurden einige Kommentare identifiziert, welche sich nicht auf das Video selbst, sondern auf vorhergehende Kommentare anderer NutzerInnen bezogen.

So wurde zum Beispiel Ärger über Kommentare, welche das Video nicht befürworteten, ausgedrückt.

Diese Kommentare wurden in der Auswertung nicht berücksichtigt, da sie sich nicht direkt auf das Video bezogen.

17

7 Darstellung der Ergebnisse

Es wurden nun die Prozentsätze der der mit der jeweiligen Emotion behafteten Kommentare an der Gesamtzahl der emotionsrelevanten Kommentare des jeweiligen Videos ermittelt. Daraus wurden sodann die Durchschnittswerte, welche die einzelnen Emotionen erreichen, berechnet. Diese wiederum stellen die relevanten Vergleichsgrößen für die Emotionen dar.

Prozent der als emotionsrelevant erkannten Kommentare

Video	1	2	3	4	5	6	7	8	9	10	Durchschnitt
gesamte Kommentare	897	7769	5.185	9208	3034	9719	9436	26016	1427	4409	
davon beobachtungsrelevant	123	904	546	2125	659	1857	1475	4636	289	1017	
Überraschung	20,33%	26,77%	16,12%	26,12%	4,55%	8,40%	14,10%	19,35%	15,92%	40,41%	19,21%
Freude	74,80%	32,19%	69,41%	61,74%	79,06%	73,34%	73,02%	68,27%	68,17%	51,82%	65,18%
Traurigkeit	0,81%	31,75%	3,11%	4,33%	0,91%	4,25%	2,58%	5,69%	4,15%	1,97%	5,96%
Wut	1,63%	4,31%	10,26%	2,68%	11,53%	7,54%	10,24%	3,41%	9,69%	4,82%	6,61%
Ekel	0,00%	1,00%	0,00%	1,74%	0,76%	0,05%	0,00%	2,20%	1,04%	0,00%	0,68%
Angst	2,44%	3,98%	1,10%	3,39%	3,19%	6,41%	0,07%	1,08%	1,04%	0,98%	2,37%

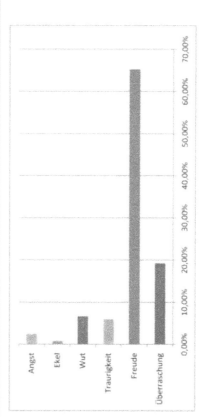

Abbildung 11: Auswertung der Durchschnittswerte der Ausprägungen

7.1 Freude (Joy)

Die Emotion Freude wurde mit durchschnittlich 65,18% mit Abstand am häufigsten in den Kommentaren ausgedrückt. Sie lag bei allen zehn beobachteten Videos an der ersten Stelle und wurde nur in Video 2 (Embrace Life) von den Emotionen Traurigkeit und Überraschung beinahe eingeholt. Den Spitzenwert von 79,06% innerhalb dieser Beobachtung erreichte „Freude" bei Video 5 (The Puma Hardchorus).

Daher ist nach den erhaltenen Ergebnissen Freude die Emotion, welche am wichtigsten ist, um ein Video am weitesten zu verbreiten.

7.2 Überraschung (Surprise)

Die durchschnittlich am zweithäufigsten beobachtete Emotion war „Überraschung". Sie erreichte einen Durchschnittswert von 19,21%. Die Emotion „Überraschung" lag bei acht der zehn beobachteten Videos an zweiter Stelle. Sie erreichte ihren Spitzenwert von 40,41% innerhalb dieser Beobachtung in Video 10 (Master of Business Card Throwing).

Nach den erhaltenen Ergebnissen ist „Überraschung" die zweitwichtigste Emotion, die es gilt auszulösen, um ein erfolgreiches virales Video zu etablieren.

7.3 Wut (Rage)

Mit durchschnittlich 6,61% der als emotionsrelevant erkannten Kommentare gelangte die Emotion „Wut" an die dritte Stelle der Reihung dieser Beobachtung. Die ausgedrückte Wut richtete sich jedoch meist auf die beworbenen Produkte oder die werbenden Unternehmen und wurde nicht offensichtlich bewusst durch die Videos provoziert (wie dies zum Beispiel häufig in Videos von TierschützerInnen getan wird).

Daher kann aufgrund der hier beobachteten Videos und den dazugehörigen Untersuchungsergebnissen nicht darauf geschlossen werden, dass Wut eine auszulösen anzustrebende Emotion ist. Dafür müssten in den Videos die provozierenden Inhalte genau in dieser Hinsicht klar zu definieren sein.

7.4 Traurigkeit (Sadness)

Die vierte Platzierung erreichte die Emotion „Traurigkeit" mit einem Durchschnittswert von 5,96%. Innerhalb dieser Beobachtung erreichte sie ihren höchsten Wert von 31,75% in Video 2 (Embrace Life), in welchem Traurigkeit scheinbar gezielt durch ergreifende Szenen und musikalische Hinterlegung bewusst provoziert wurde.

7.5 Angst (Fear)

Den vorletzten Platz in den Ergebnissen erreichte die Emotion „Angst" mit durchschnittlich 2,37%. Sie wurde in keinem der beobachteten Videos offensichtlich mit Absicht gefördert.

7.6 Ekel (Disgust)

Den geringsten Durchschnittswert von 0,68% erreichte die Emotion „Ekel". Wie die Emotion Angst wurde auch diese Emotion in den beobachteten Videos nicht gefördert.

7.7 Betrachtung der einzelnen Videos

Bei der Beobachtung der Kommentare zu den einzelnen Videos ergaben sich für die ausgedrückten Emotionen die in den nachfolgenden Tabellen und Diagrammen dargestellten Werte. Daraus errechnen sich die oben angegeben Durchschnittswerte der einzelnen Emotionen.

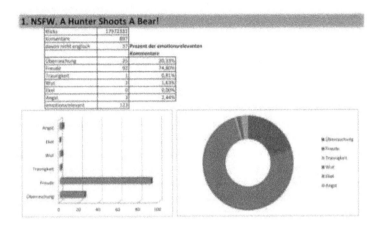

Abbildung 12: Auswertung des Videos "NSFW A hunter shoots a bear!"

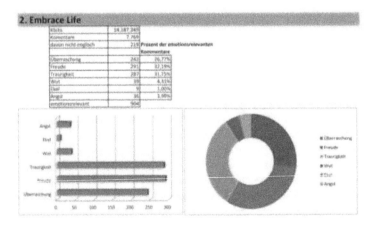

Abbildung 13: Auswertung des Videos "Embrace Life"

22

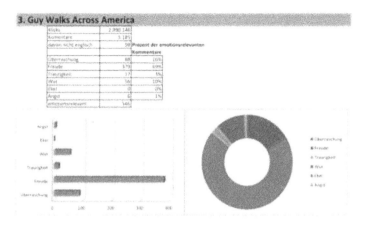

Abbildung 14: Auswertung des Videos "Guy Walks Across America"

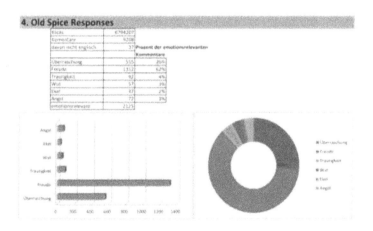

Abbildung 15: Auswertung des Videos "Old Spice Responses"

23

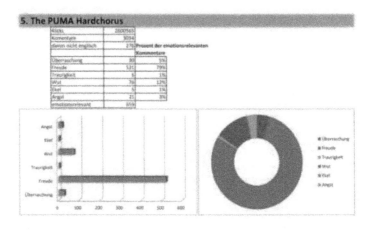

Abbildung 16: Auswertung des Videos "The Puma Hardchorus"

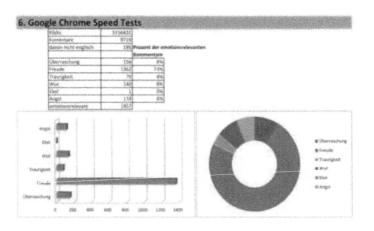

Abbildung 17: Auswertung des Videos "Google Chrome Speed Tests"

24

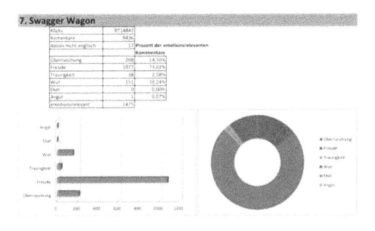

Abbildung 18: Auswertung des Videos "Swagger Wagon"

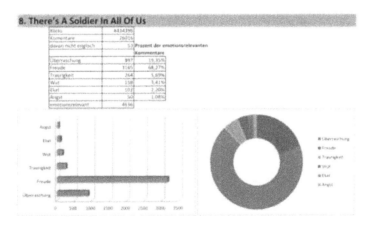

Abbildung 19: Auswertung des Videos "There's A Soldier In All Of Us"

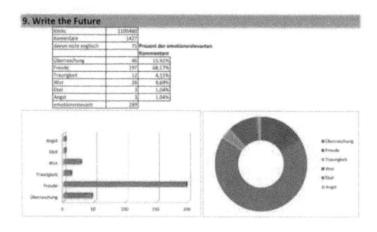

Abbildung 20: Auswertung des Videos "Write the Future"

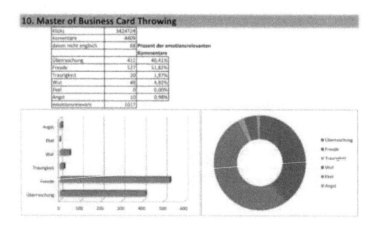

Abbildung 21: Auswertung des Videos „Master of Businesscard Throwing"

8 Interpretation der Ergebnisse

Die oben angegeben Ergebnisse können nun wie folgt interpretiert werden.

Es zeigte sich, dass die Emotion „Freude" die wohl wichtigste auszulösende Emotion in der Erstellung von viralen Videos ist, da für alle beobachteten Videos zutrifft, dass diese Emotion die stärksten Ausprägungen in den Ergebnissen erzielte.

Ähnlich verhielt es sich mit der Emotion der „Überraschung", die ebenfalls bei beinahe allen Videos hohe Werte erzielte. Auch war festzustellen, dass die Emotion „Überraschung" mit der Emotion „Freude" negativ korrelierte, was bedeutet, dass je höhere Werte die eine Emotion erhielt, desto niedrigere erreichte die andere und umgekehrt.

Vorsichtiger sind die Ergebnisse der anderen Emotionen zu betrachten. Denn wie in Video 2 (Embrace Life) die Emotion „Traurigkeit" scheinbar gezielt angesprochen wird, wäre ein derartig Starkes Ergebnis womöglich auch durch den gezielten Einsatz von Emotionen wie „Wut"(beispielsweise in Videos von TierschutzaktivistInnen) oder „Ekel"(beispielswese in Videos über Lebensmittelproblematik), oder „Angst"(beispielsweise in US-amerikanischen Wahlwerbungen) erreichbar, was aus den Ergebnissen der Beobachtung nicht ersichtlich ist.

Um aussagekräftigere Ergebnisse in dieser Hinsicht zu erhalten, müssten eine größere Anzahl erfolgreicher virale Videos untersucht werden, was leider durch beschränkt zur Verfügung stehende Ressourcen in diesem Rahmen nicht möglich ist.

Anhand der Ergebnisse der Beobachtung kann also die Empfehlung abgegeben werden, bei der Wahl des Kampagnengutes gezielt auf Inhalte zu setzen, welche bei NutzerInnen Freude auslösen und diese überraschen. Bezüglich der weiteren beobachteten Emotionen muss erwähnt werden, dass Traurigkeit auszulösen ebenfalls dazu beitragen kann, viele NutzerInnen zu erreichen. Zu den verbleibenden Emotionen kann keine Empfehlung abgegeben werden, da kein Video, das eine dieser Emotionen gezielt auslöst, es unter die Top Ten auf Mashable.com geschafft hat.

Was auch durch diese Beobachtung unterstützt werden kann, ist die Aussage von Leonardi, dass Emotionen auszulösen eine Eigenschaft ist, die alle erfolgreichen viralen Videos gemeinsam haben(vgl. 2009: p. 50).

Literaturverzeichnis

Langner, S. (2006) .Viral Marketing (3.Auflage). Wiesbaden: Gabler.

Leonardi, J.M., (2009). Viral Marketing im E-
Business(1.Auflage).Hamburg: Diplomica.

Warner, J. (2010). .The 10 Most Innovative Viral Video Ads of 2010.
Retrieved: 23 November 2011, from
http://mashable.com/2010/12/09/innovative-viral-videos-2010

Mashable, Inc. (2010). *About Us.* Retrieved: 23. November 2011, from
http://mashable.com/about/

Mashable, Inc. (2009). *Josh Warner.* Retrieved: 23. November 2011, from
http://mashable.com/author/josh-warner/

Abbildungsverzeichnis

Retrieved: November 15, 2011, from http://www.youtube.com/v/ql-N3F1FhW4?fs=1&hl=en_US

9 Anhang

9.1 YouTube Statistics

Zu einigen der behandelten Videos stellte YouTube weitere Informationen bezüglich der Verbreitung zur Verfügung. Diese werden der Vollständigkeit halber hier angeführt.

9.1.1 NSFW A hunter shoots a bear

Aufrufe insgesamt: 17,977,311

Bewertungen: 19833   Kommentare: 897   Favoriten: 8,660

Positive Bewertungen: 19391
Negative Bewertungen: 442

Bedeutende Ereignisse für Erkennung

	Datum	Veranstaltung	Aufrufe
A	01.09.10	Zuerst eingebettet in – www.facebook.com	2,667,453
B	01.09.10	Erster Aufruf durch ein Mobilgerät	792,213
C	01.09.10	Erste Weiterleitung durch – www.facebook	705,539
D	01.09.10	Erste Weiterleitung durch YouTube-Suche – a hunter shoots a bear	408,178
E	01.09.10	Erste Weiterleitung von YouTube – /v/4ba1BqJ4S	355,391
F	01.09.10	Erster Aufruf durch Anzeige	325,275
G	31.08.10	Erste Weiterleitung durch – www.facebook.com	967,528

Zielgruppen

Am liebsten sehen dieses Video:

Geschlecht	Alter
Männlich	35-44
Männlich	45-54
Männlich	25-34

Dieses Video ist am beliebtesten in:

Mehr

Weniger

Auszeichnungen für dieses Video (6)

#46 – Heiß diskutiert (insgesamt) – Tiere – Frankreich
#6 – Favoriten (insgesamt) – Tiere – Frankreich
#3 – Beste Bewertung (insgesamt) – Tiere – Frankreich
#62 – Meistgesehen (insgesamt) – Tiere – Global
#51 – Meistgesehen (insgesamt) – Frankreich
#2 – Meistgesehen (insgesamt) – Tiere – Frankreich

Abbildung 22: NSFW A hunter shoots a bear! YouTube Statistics

33

9.1.2 Embrace Life

Aufrufe insgesamt: 14,188,564

Bewertungen: 31412	Kommentare: 7,770	Favoriten: 40,759
Positive Bewertungen: 31045		
Negative Bewertungen: 367		

Bedeutende Ereignisse für Erkennung

	Datum	Veranstaltung	Aufrufe
A	10.02.10	Zuerst eingebettet in – autos.aol.com	223,629
B	31.01.10	Zuerst eingebettet in – embracethis.co.uk	3,204,441
C	31.01.10	Zuerst eingebettet in – www.embracethis.co.uk	1,583,960
D	30.01.10	Erste Weiterleitung durch YouTube-Suche – embrace life	106,682
E	29.01.10	Erster Aufruf durch ein Mobilgerät	495,575
F	29.01.10	Zuerst eingebettet in – www.facebook.com	432,601
G	29.01.10	Erste Weiterleitung durch – www.facebook.com	172,539
H	29.01.10	Zuerst eingebettet in – lj-toys.com	141,955

Zielgruppen
Am liebsten sehen dieses Video:

Geschlecht	Alter
Männlich	45-54
Männlich	55-64
Männlich	35-44

Dieses Video ist am beliebtesten in:

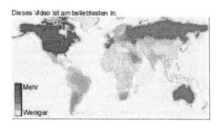

Auszeichnungen für dieses Video (6)

#27 – Heiß diskutiert (insgesamt) – Bildung – Großbritannien und Nordirland
#1 – Favoriten (insgesamt) – Bildung – Großbritannien und Nordirland
#7 – Favoriten (insgesamt) – Bildung – Global
#1 – Beste Bewertung (insgesamt) – Bildung – Großbritannien und Nordirland
#19 – Beste Bewertung (insgesamt) – Bildung – Global
#16 – Meistgesehen (insgesamt) – Bildung – Großbritannien und Nordirland

Abbildung 23: Embrace Life YouTube Statistics

9.1.3 Old Spice Responses

Aufrufe insgesamt: 6,795,930

Bewertungen: 22222   Kommentare: 9,208   Favoriten: 10,519

Positive Bewertungen: 21638 ☐
Negative Bewertungen: 584 ▮

Bedeutende Ereignisse für Erkennung

	Datum	Veranstaltung	Aufrufe
A	17.07.10	Erste Weiterleitung von YouTube – /view_play_list	114,251
B	15.07.10	Erster Aufruf durch ein Mobilgerät	828,198
C	15.07.10	Erste Weiterleitung durch ähnliches Video – Re: @Gillette	Old Spice	256,834
D	15.07.10	Erste Weiterleitung von YouTube – Startseite	199,615
E	15.07.10	Erste Weiterleitung durch YouTube-Suche – old spice	198,328
F	15.07.10	Erste Weiterleitung durch ähnliches Video – Re: Rose	Old Spice	164,102
G	15.07.10	Zuerst eingebettet in – www.facebook.com	145,334
H	15.07.10	Erste Weiterleitung von YouTube – /videos	118,732

Zielgruppen

Am liebsten sehen dieses Video:

Geschlecht	Alter
Männlich	25-34
Männlich	35-44
Männlich	18-24

Dieses Video ist am beliebtesten in:

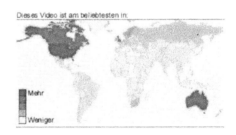

Mehr

Weniger

Auszeichnungen für dieses Video (0)

(Für dieses Video gibt es keine Auszeichnungen.)

Abbildung 24: Old Spice Responses YouTube Statistics

9.1.4 Google Chrome Speed Tests

Aufrufe insgesamt: 5,156,431

Bewertungen: 27844   **Kommentare: 9,719**   **Favoriten: 22,690**

Positive Bewertungen: 26567
Negative Bewertungen: 1277

Bedeutende Ereignisse für Erkennung

	Datum	Veranstaltung	Aufrufe
A	24.06.10	Erste Weiterleitung durch – s0.2mdn.net	202,472
B	05.05.10	Erster Aufruf durch Anzeige	388,764
C	05.05.10	Erster Aufruf durch ein Mobilgerät	250,234
D	05.05.10	Erste Weiterleitung von YouTube – Startseite	213,290
E	05.05.10	Zuerst eingebettet in – www.facebook.com	154,796
F	05.05.10	Zuerst eingebettet in – chrome.blogspot.com	146,529
G	05.05.10	Erste Weiterleitung durch YouTube-Suche – google chrome speed test	109,791
H	05.05.10	Zuerst eingebettet in – www.engadget.com	107,117

Zielgruppen

Am liebsten sehen dieses Video:

Geschlecht	Alter
Männlich	35-44
Männlich	25-34
Männlich	45-54

Dieses Video ist am beliebtesten in:

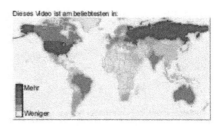

Mehr

Weniger

Auszeichnungen für dieses Video (2)

#33 – Favoriten (insgesamt) – Wissenschaft & Technik – Global
#31 – Beste Bewertung (insgesamt) – Wissenschaft & Technik – Global

Abbildung 25: Google Chrome Speed Tests YouTube Statistics

9.1.5 There's A Soldier In All Of Us

Aufrufe insgesamt: 4,434,396

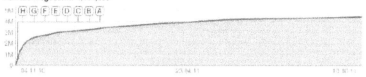

Bewertungen: 28788　　　　**Kommentare: 26,016**　　　　**Favoriten: 18,602**

Positive Bewertungen: 27922
Negative Bewertungen: 866

Bedeutende Ereignisse für Erkennung

	Datum	Veranstaltung	Aufrufe
A	06.11.10	Erste Weiterleitung von YouTube – /videos	104,905
B	05.11.10	Erster Aufruf durch ein Mobilgerät	891,890
C	05.11.10	Zuerst eingebettet in – www.facebook.com	367,015
D	05.11.10	Erste Weiterleitung durch YouTube-Suche – call of duty black ops	161,227
E	05.11.10	Erste Weiterleitung von YouTube – Startseite	134,033
F	05.11.10	Erste Weiterleitung durch – www.facebook.com	97,870
G	05.11.10	Erste Weiterleitung durch YouTube-Suche – black ops commercial	89,406
H	05.11.10	Erster Aufruf durch Anzeige	76,368

Zielgruppen

Am liebsten sehen dieses Video:

Geschlecht	Alter
Männlich	13-17
Männlich	18-24
Männlich	25-34

Dieses Video ist am beliebtesten in:

Mehr

Weniger

Auszeichnungen für dieses Video (0)

(Für dieses Video gibt es keine Auszeichnungen.)

Abbildung 26: There's A Soldier In All Of Us Youtube Statistics

9.1.6 Master of Businesscard Throwing

Aufrufe insgesamt: 3,424,724

Bewertungen: 13868   **Kommentare: 4,409**   **Favoriten: 19,297**

Positive Bewertungen: 13676
Negative Bewertungen: 192

Bedeutende Ereignisse für Erkennung

	Datum	Veranstaltung	Aufrufe
A	19.04.10	Zuerst eingebettet in – quietube.com	163,292
B	06.04.10	Zuerst eingebettet in – blogs.howstuffworks.com	68,051
C	31.03.10	Erste Weiterleitung durch – www.stumbleupon.com	108,001
D	31.03.10	Erste Weiterleitung von YouTube – Startseite	90,268
E	31.03.10	Erste Weiterleitung durch YouTube-Suche – card throwing	57,823
F	31.03.10	Zuerst eingebettet in – www.buzzfeed.com	55,440
G	30.03.10	Erster Aufruf durch ein Mobilgerät	164,276
H	30.03.10	Zuerst eingebettet in – www.facebook.com	112,413

Zielgruppen

Am liebsten sehen dieses Video:

Geschlecht	Alter
Männlich	25-34
Männlich	35-44
Männlich	45-54

Dieses Video ist am beliebtesten in:

Mehr

Weniger

Auszeichnungen für dieses Video (3)

#13 – Favoriten (insgesamt) – Tipps & Tricks – Großbritannien und Nordirland
#18 – Beste Bewertung (insgesamt) – Tipps & Tricks – Großbritannien und Nordirland
#41 – Meistgesehen (insgesamt) – Tipps & Tricks – Großbritannien und Nordirland

Abbildung 27: Master of Business Card Throwing YouTube Statistics